.À Gernot Haupt, Reinhart, et tous mes amis de l'Institut Autrichien-Paris (Maison des Étudiants Autrichiens).

..

L'EXPÉRIMENTATION DE LA LOI DU PROFIT NUL

LES ÉDITIONS BLEUES

ISBN : 2-913771-02-5

(Agence francophone pour la numérotation internationale du livre)

Printed by CreateSpace,An Amazon.com Company

ISBN 10: 2913771068
ISBN 13: 9782913771062

Avant-propos

Considérons la "Société idéale" rêvée par le philosophe - économiste - écrivain du 19eme siècle Karl Marx.

Admettons que la voie tracée par les Croyants en ladite "philosophie-théorie économique marxiste" pour accomplir le "Paradis terrestre" ou la "Société idéale" est la violence ou la "Lutte des classes"

Admettons que le "Paradis terrestre accompli" auquel correspond l'Application intégrale de la "Loi du Profit nul" quant à la Société américaine par exemple, ne reconnaît que la non-violence stricte comme méthodes et pratiques politique, économique et sociale.

Admettons que la différenciation en dix étapes normatives de l'Application de la "Loi du Profit nul" quant à un État-Nation moderne quelconque, pourrait attribuer la quatrième étape de réalisation de la "Société humaine de rêve" aux États Unis d'Amérique, la sixième étape de réalisation de ladite Société idéale à la Grande Bretagne, la septième étape de réalisation du "Paradis terrestre" à la Norvège.

Admettons que la mesure de la "tendance vers zéro" du profit économique allant dans le même sens que l'amélioration des conditions de vie des masses populaires ou de l'être humain en général, [et qui correspond au prélèvement par l'État, représenté par le Pouvoir exécutive, des différentes taxes devant financer les Fonds d'allocation-chômage, les fonds des assurances-maladie populaires gratuites, et les fonds pour la Recherche scientifique et autres fonds sociaux, d'une part, et d'autres parts à l'évaluation objective des comptes de charges nationaux ou les dépenses publiques nationales,] contribue à la détermination du niveau de la matérialisation du "Paradis terrestre retrouvé", quant à une Société humaine donnée.

Il en résulte le raisonnement qui suit:

Premièrement, il est donné à tout État-Nation moderne la chance de s'engager résolument sur la voie du progrès tracée par Dieu en personne.

Deuxièmement, le choix des États Unis d'Amérique comme le "Centre de l'Éden retrouvé" est purement providentiel. Ceci demeure la main tendue par l'auteur du présent ouvrage à sa "Patrie d'adoption".

Joseph Moè Messavussu Akué

Sommaire

Le principe de la Société scientifique

Considérons une Société humaine tournant le dos à la Démocratie, la Science, le Progrès, et à la Poésie fonctionnelle.

Admettons que ladite Société humaine anti-démo-cratique, archaïque, et refusant de reconnaître l'identité révélée de Joseph Moè Messavussu Akué, est exactement le contraire de la "Société scientifique" réclamée par Dieu et les Anges.

Admettons que Dieu et les Anges identifiés en tant que Joseph Moè Messavussu Akué et les Moèistes, figurent bel et bien permanemment aux États Unis d'Amérique afin de parachever la Réalisation de la "Prophétie de la nuit du 7 au 8 novembre 1986" ordonnant l'incarnation sublime de Dieu le Tout-Puissant.

Admettons que la réalité de Joseph Moè Messavussu Akué qui veut que celui-ci se considère simplement un homme Noir, fort modeste voire pauvre, cherchant à connaître la gloire par le biais de ses œuvres mira-culeuses, ne permet point à quiconque de croire à la Poésie fonctionnelle et à son auteur.

Admettons que l'incarnation sublime de Dieu le Tout-Puissant, correspond exactement à la restauration du "Paradis terrestre perdu" ou à l'"Afrique éternelle".

Il en résulte le raisonnement qui suit:

Premièrement, le Togo, pays natal de Joseph Moè Messavussu Akué, qui s'est éveillé à la Démocratie et à la Liberté sous toutes ses formes Octobre 1990, est entré de plein pieds dans la Société scientifique, tout comme l'ensemble des pays africains, même si les forces réactionnaires et maléfiques tentent de les en empêcher.

Deuxièmement, la volonté politique de Joseph Moè Messavussu Akué qui veut que les États Unis d'Amérique s'étendent purement et simplement à l'ensemble des pays africains pour le plus grand bien des populations américaine et africaines, sera accompli, lorsque le Peuple américain votera normalement l'application de ladite politique rédemptrice future.

Troisièmement, les États Unis d'Amérique dont Dieu et les Anges sont fiers, relèveront sans doute le défi de porter à jamais le Flambeau de l'Émancipation de la Femme et de l'Homme.

**Un poème à vers paraboliques
Chicago, le 27 juillet 2010**

Le principe de l'assurance-maladie gratuite

Considérons la mort de l'être humain décidée par la Société dans laquelle celui-ci vit.

Admettons que la mort de l'être humain survenue à la suite de la maladie et due au manque d'argent chronique pour se procurer des soins nécessaires pour la survie, tombe absolument sous la responsabilité de la Société qui avait refusé les soins nécessaires gratuits pour ledit être humain.

Admettons que l'instauration de l'assurance-maladie gratuite pour tous citoyens et assimilés-citoyens, relève des mesures fondamentales requises pour qu'une Société humaine puisse être honorée comme ayant atteint le "Niveau 2 de l'Édifice du bonheur absolu humain" promis.

Admettons que l'assurance-maladie gratuite pour tous citoyens et assimilés-citoyens américains est une disposition socio-politico-économique caractérisant le niveau de developpement réel de tout État-Nation moderne et digne.

Il en résulte le raisonnement qui suit:

Premièrement, toutes les mesures concourrant à l'instauration de la gratuité permanente et perpétuelle des soins médicaux de toutes formes pour l'ensemble des citoyens et assimilés-citoyens américains, prises par l'Administration Barack Obama, honorent les États Unis d'Amérique comme un État-Nation béni et apprécié comme tel par Dieu et les Anges.

Deuxièmement, l'ensemble des pays qui ont ouvert la voie à cet état de choses bienheureux pour l'Huma-nité, reçoit également la bénédiction divine et le respect de l'humanité toute entière.

Troisièmement, le sort caractérisant les pays où les habitants doivent se battre pour se procurer l'argent nécessaire pour les soins médicaux les plus rudimentaires, relève d'une malédiction condamnée par l'auteur de la "Loi du Profit nul".

Quatrièmement, il demeure par conséquent normal que l'ensemble des décisions politiques ordonnant l' Institutionnalisation graduée et sûre de l'assurance-maladie gratuite pour les citoyens et assimilés-citoyens américains, reçoit l'assentiment et la bénédiction de Dieu le Tout-Puissant qui déclare ledit principe de la gratuité des soins médicaux et pharmaceutiques dans une Société donnée, et pour les habitants, un haut fait de la Civilisation humaine.

Un poème à vers paraboliques
Chicago, le 9 août 2010

Le principe de la science et de la technologie

Considérons la capacité d'invention propre à l'être humain.

Admettons que ladite créativité humaine diffère de celle de Joseph Moè Messavussu Akué en ce sens que l'être humain créatif ou l'homme ou la femme de sciences a besoin de comprendre tout ce qui l'environne, avant de réaliser sa propre théorie ou connaissance, tandis que l'auteur du présent ouvrage réalise toute la "Poésie fonctionnelle" ou la "Science et la Technologie propres à Dieu le Tout-Puissant" à partir de rien.

Admettons que la science et la technologie humaines résultent intégralement de la volonté de puissance de l'Esprit du mal en personne, au détriment de la "Poésie fonctionnelle" et de son auteur en chair et en os ou non matérialisé.

Admettons que la "Poésie fonctionnelle" ou la science et la technologie propres à Joseph Moè Messavussu Akué révélé Dieu le Tout-Puissant-fait chair, sont données en tant que des faits miraculeux absolus, identiques à la totalité des éléments composant le monde physique et sensible.

Admettons que contrairement à Joseph Moè Messavussu Akué [qui transcrit la suite ininterrompue de ses rêves prémonitoires révélateurs de toute la

"Poésie fonctionnelle" en tant que livres de poésie, de sciences, et de technologie], l'être humain est un outil dans les mains de la "Communauté des mauvais esprits" pour la matérialisation de la science et la technologie dites humaines.

Admettons que si la science et la technologie dites humaines tentent de prouver que Dieu n'existe pas, la "Poésie fonctionnelle" quant à elle, établit clairement que Dieu le Tout-Puissant existe et se nomme depuis le 28 mars 1957 Joseph Moè Messavussu Akué.

Il en résulte le raisonnement qui suit:

Premièrement, la science et la technologie propres à Joseph Moè Messavussu Akué dénommées la Poésie fonctionnelle est le savoir et le savoir-faire magiques qui ont engendré le Monde des Mondes des Cieux et la Vie éternelle.

Deuxièmement, l'écoulement des Fascicules d'Enseignement de la Poésie fonctionnelle de la plume magique de Joseph Moè Messavussu Akué est révélé absolument identique à la forme originelle de la "Prise de conscience" de celui qui, à l'Origine de la création du Monde des Mondes des Cieux et de la Vie éternelle, se donnait providentiellement Dieu le Tout-Puissant.

Toisièmement, en visionnant en rêves prémonitoires la succession ininterrompue des actes créatifs divins devant s'accomplir dès son réveil, Joseph Moè
Messavussu Akué reste un témoin émerveillé au même titre que tout élément (chose, végétal, animal, être humain, esprit ou âme), des miracles de Dieu.

Quatrièmement, le fait du rêve merveilleux qu'a eu Joseph Moè Messavussu Akué dans la nuit du 7 au 8 novembre 1986 le révélant Dieu le Tout-Puissant authentiquement incarné, surprend et inonde d'un bonheur absolu évident l'auteur dudit rêve prémonitoire, de la même manière que le fait des "Fascicules d'Enseignement de la Poésie fonctionnelle" dans les mains de l'Étudiant en Visual Communications à Kennedy King College, à Chicago, aujourd'hui le 19 août 2010.

Cinquièmement, l'ensemble des machines-outils sublimes ou "identités mathématiques fonctionnelles" révélées par la Poésie fonctionnelle, constitue l'ensemble des miracles divins devant s'accomplir dans le futur.

Sixièmement, le Pouvoir sur Terre et dans les Cieux est devenu depuis la nuit magique du 7 au 8 novembre 1986, la propriété absolue de Joseph Moè Messavussu Akué qui l'exerce de fait et pour l'éternité à venir, avec ceux et celles qu'il aime passionnément, et dénommés les Moèistes.

**Un poème à vers paraboliques
Chicago, le 19 août 2010**

Le principe du bien-être social maximum

Considérons le système capitaliste primitif qui veut que le maximum de profit soit réalisé sur le dos des ouvriers et ouvrières en tant que but et motif de l'investissement des capitaux.

Admettons que le "Système économique Moèiste" qui pose le "Bien-être individuel et social maximum du travailleur et de la travailleuse" comme le but du Pouvoir politique au sein de la Société, est exactement l'-
inverse de l'Action sociale de l'Homme ou la Femme d'affaires ou l'Entrepreneur.

Admettons que le "Système économique Moèiste qui trouve naturel et convenable le Libéralisme économique ou Capitalisme, conçoit l'Action politique comme le régulateur économique attendu par l'ensemble des travailleurs et travailleuses employés ou non de de la Société.

Admettons que le "Système fiscal Moèiste" qui résume l'application intégrale de la "Loi du Profit nul" quant à une Société donnée, devient enfin l'outil rêvé pour conjurer à jamais la violence et la pauvreté orga-nisée de la Société, afin que la Paix civile et le "Bien-être individuel et social maximum soit réalisé.

Il en résulte le raisonnement qui suit:

Premièrement, le système politique américain en vigueur dont l'auteur de la "Loi du Profit nul" est fier, surtout depuis l'élection de Barack Obama Président des États Unis d'Amérique, se positionne providentiellement celui qui se destine à conduire effectivement le "Train du Futur de l'humanité toute entière".

Deuxièmement, si la sensibilité politique auto-gestionnaire universitaire française pourrait s'éveiller au Moèisme et prendre les rennes du Pouvoir politique en France, ledit pays pourrait concurrencer, voir se sustituer aux États Unis d'Amérique dans la "Réalisation du Paradis terrestre perdu" ou la "Construction de l'Édifice du Bonheur absolu humain".

Troisièmement, avec l'aide de l'Organisation des Nations Unies voire des Pays occidentaux ou Pays acquis aux principes de l'État de droit et de la Démocratie, le Togo, pays natal de l'auteur de la "Loi du Profit nul", pourrait matérialiser la troisième chance de voir progressivement restaurés l'"Afrique éternelle" et le "Paradis terrestre".

Quatrièmement, n'importe quel pays sur Terre peut, du jour au lendemain, décider de suivre Dieu-fait chair et sa Pensée, la Poésie fonctionnelle, et obtenir automatiquement la grâce et la bénédiction de Joseph Moè Messavussu Akué qui proclame de fait le pays intéressé entré dans l'"Ère éternelle de l'Homme éternel".

Cinquièmement, la possibilité donnée à tout être humain, et tout pays, incriminés d'une quelconque manière, d'obtenir la Remission des péchés ou le Salut en acceptant l'auteur de la "Loi du Profit nul" en tant que le Messie propre du genre humain, est la main tendue de Dieu le Tout-Puissant vers l'humanité corrompue et à la dérive.

Sixièmement, la "Loi constitutionnelle de l'Espace-Temps éternel" veut que le "Royaume des Cieux" est une réalité finiment parachevée et absolument accomplie à compter du 30 août 2010, et qui voit Joseph Moè Messavussu Akué consacré son Roi régnant éternel.

Un poème à vers paraboliques
Chicago, le 30 août 2010

Le principe de la suppression du travail dégradant l'être humain

Considérons le travail de la machine-outil.

Admettons que l'être humain naturellement doué du libre-arbitre ou d'un état d'âme, ne peut en aucun cas, être réduit à une machine-outil et à elle-seule.

Admettons que le travail d'une machine-outil confié à un être humain, dégrade ce dernier au rang d'une machine-outil et le détruit.

Admettons que le travail d'un ouvrier contraint de charger et (ou) de décharger un camion de plusieurs milliers de paquets ou colis pesants, dans un intervalle de temps pré-fixé par l'Entrepreneur, et au moyen de ses mains, est donné comme le travail de la machine-outil, par exemple.

Admettons que ledit travail d'un ouvrier spécialisé dans le chargement et le déchargement à mains nues de camions de transport de colis, détruit obligatoirement celui-ci qui, dans le meilleur des cas, se retrouve avec des douleurs incurables et permanentes au niveau de ses articulations dorsales et autres, le rendant à jamais handicapé.

Admettons que décider consciemment d'un tel état de choses consistant à établir comme un norme, le travail de la machine-outil confié à un être humain aussi robuste soit-il, relève purement et simplement d'un crime contre l'humanité.

Il en résulte le raisonnement qui suit:

Premièrement, la Civilisation de la machine-outil, entendre par là l'industrialisation de la Société et le machinisme, atteint son apogée avec la prise en charge complète du travail détruisant l'être humain par le robot ou la machine-outil.

Deuxièmement, ladite suppression du travail destructeur de l'ouvrier et l'ouvrière dans la production des biens et des services utiles et agréables à la Société, est bel et bien ordonnée par les innovations technologiques qui demeurent un atout considérable pour le genre humain.

Troisièmement, il ne fait plus l'ombre d'un doute que la Recherche scientifique qui est comprise par tous les pays industrialisés de la planète Terre comme la clé de leur suprématie universelle, est l'activité la plus valuable du genre humain.

Un poème à vers paraboliques
Chicago, le 31, août 2010

Le principe de la gratuité absolue de l'assurance-maladie individuelle

Considérons la division de la Société en riches et pauvres.

Admettons que la richesse et la pauvreté sont bel et bien les deux faces de la condition sociale humaine qui veut que le riche peut, du jour au lendemain, devenir pauvre et vice versa.

Admettons que les facteurs naturels qui produisent la richesse de l'être humain du point de vue économique et financier, existent indépendamment de ceux qui engendrent la pauvreté de celui-ci.

Admettons que l'être humain qui naît de parents riches, a naturellement toutes les chances de devenir riche lui-aussi par héritage.

Admettons que l'être humain qui naît de parents pauvres, a naturellement toutes les chances de devenir pauvre lui-aussi par l'héritage.

Admettons que les dispositions sociales intelligentes ou civilisatrices qui visent à donner les mêmes chances à l'enfant né dans une famille riche et celui né dans une famille pauvre à devenir tout simplement des êtres humains heureux de vivre ou nantis de l'ensemble des moyens économiques et financiers devant leur assurer une existence agréable et utile à la Société en retour, sont saluées par Dieu et jugées objectives et bien-fondées.

Admettons que l'ensemble desdites dispositions sociales intelligentes devant assurer, si la nature le permet, une existence également agréable et utile future à l'enfant né dans la pauvreté et à celui né dans la richesse, est résumé par l'instruction scolaire et universitaire gratuite, l'assurance-maladie gratuite, l'allocation-chômage perpétuelle pour tout homme et toute femme appartenant à ladite Société, et la suppression du travail destructeur de l'être humain.

Il en résulte le raisonnement qui suit:

Premièrement, le droit aux soins gratuits que réclame un enfant né de parents pauvres et incapables économiquement et financièrement d'assumer la santé de leur progéniture, voire leur santé propre, incombe absolument à Dieu le Tout-Puissant qui délègue ledit pouvoir à la Société; laquelle Société exerce ledit pouvoir de maintenir la population du pays concerné en état de bonne santé, à travers le Gouvernement élu démocratiquement.

Deuxièmement, la Société qui déroge à l'obligation d'assurer la gratuité des soins de santé à l'ensemble de ses citoyens et assimilés-citoyens, devient par conséquent coupable d'un crime contre l'humanité aux yeux de Dieu le Tout-Puissant et perd sa grâce de pays béni ou prospère.

Troisièmement, tout le pouvoir de décision quant à l'avenir de l'humanité entière qui incombe aujourd'hui aux États Unis d'Amérique, est le résultat des bonnes dispositions historiques que ledit pays a eu à prendre depuis l'abolition de l' esclavage à l'élection de Barack Obama, Président des États Unis d'Amérique.

Quatrièmement, la gratuité des soins médicaux et pharmaceutiques pour les Américains du troisème âge instituée par l'Administration Obama, doit devenir le démarrage de l'Application de la "Loi du Profit nul" quant à la Société américaine qui est devenue providentiellement l'Initiateur d'un nouvel Ordre universel désiré par le genre humain.

Un poème à vers paraboliques
Chicago, le 2 septembre 2010

Le principe de l'Allocation-chômage perpétuelle

Considérons un Ouvrier hautement qualifié, mais mis au chômage depuis bientôt deux ans, et toujours incapable de trouver du travail.

Admettons que ledit ouvrier américain à moitié handicapé du fait de son dernier emploi où il eut le mauvais sort d'être accidenté, essaie en vain de trouver un travail approprié à sa nouvelle condition physique, tout en prenant des cours au Collège en vue de se recycler.

Admettons qu'ayant épuisé ses allocations-chômage au bout d'un an, ledit ouvrier se retrouve dans des conditions de vie inhumaines, ne pouvant plus payer son loyer et subvenir aux besoins et soins élémentaires de sa famille et de lui-même.

Admettons qu'il aurait suffi que la Société à laquelle appartiennent ledit ourier et sa famille, eut institué l'Allocation-chômage perpétuelle, pour que celui-ci soit sauvé de même que sa famille, à noter que la Société a absolument besoin de ses citoyens pour son économie et son expansion économique future.

Il en résulte le raisonnement qui suit:

Premièrement, l'économie nationale globale est maintenue en équilibre et en expansion continue du fait du maintien en équilibre et en expansion continue de la production nationale des biens et des services nécessaires et suffisants.

Deuxièmement, l'association Production nationale globale et Demande nationale globale des biens et des services nécessaires, utiles et agréables à la Société relève purement et simplement du fait que les biens et les services nationaux produits doivent être consommés afin que de nouveaux soient produits, et au risque de les voir détériorés et gâchés. Et seuls des citoyens dotés d'un pouvoir d'achat réel, peuvent les demander, les acheter et les consommer.

Troisièmement, le maintien du pouvoir d'achat élémentaire du travailleur ou de la travailleuse face à la production nationale globale des biens et des services nécessaires, utiles et agréables, est absolument assuré par l'Institution du Fonds d'Allocation-chômage perpétuelle.

Quatrièmement, le principe des allocations-chômage perpétuelles est donné comme le principe de la Souveraineté du peuple qui est le Roi dans une Société parfaitement démocratique.

Cinquièmement, le fait des allocations-chômage perpétuelles est compris comme une nécessité purement économique.

Sixièmement, la pratique future de l'application aux États Unis d'Amérique de l'Allocation-chômage perpétuelle est l'un des vœux les plus chers de l'auteur de la "Loi du Profit nul" pour l'avenir de l'humanité.

Un poème à vers paraboliques
Chicago, le 7 septembre 2010

Le principe de la reconnaissance de l'identité céleste de l'auteur de la "Loi du Profit nul"

Considérons la "Loi du Profit nul".

Admettons que ladite Loi [qui signifie que le Capitalisme en tant que système économique, est le modèle parfait de la production nationale des biens et des ser-vices nécessaires, utiles et agréables à la Société, à condition que les Pouvoirs publics instaurent l'Assurance-maladie gratuite et l'Allocation-chômage perpétuelle pour l'ensemble des citoyens et assimilés-citoyens, et visent le déroulement parfait des processus démocratiques garantissant l'État de Droit et la Démocratie, et s'engagent dans la suppression systématique du travail dégradant l'être humain], est bel et bien le fait de Dieu en personne, puisque le modèle économique moèiste en question apparaît comme le système qui porte le Salut du genre humain.

Admettons que ledit système économique moèiste est le fruit de l'ensemble des vœux des hommes et des femmes remarquables que l'auteur du présent ouvrage aurait rencontrés tout au long de sa vie écoulée, et qui l'ont ému par leurs pensées et leurs actions.

Admettons que le terme Dieu le Tout-Puissant qui signifie l'Intelligence sublime, Origine et Source de l'É-tat-Nation Espace-Temps et de la vie éternelle, ne s'applique à l'auteur du présent ouvrage que dans la mesure où celui-ci rapporte qu'il eut un rêve dans la nuit du 7 au 8 novembre 1986, et dans lequel il a vu ladite "Intelligence sublime" en tant que "Toute la Lumière des Cieux en personne" lui souriant, puis métamorphosée dans l'instant d'après en un homme Noir atterrissant sur le sommet d'un building parisien, situé au 130, Avenue de Versailles Paris 16eme.

Admettons que la vérification par l'auteur de la "Loi du Profit nul" de la prémonition dudit rêve de la nuit du 7 au 8 novembre 1986 en tant que sa rédaction de l'ensemble des "Fascicules d'Enseignement de la Poésie fonctionnelle", ne fait plus de doute.

Admettons que la réaction de tout homme et de toute femme en présence des poèmes célestes évoqués ou n'importe quel extrait des fascicules de la Poésie fonctionnelle, témoigne de la croyance humaine au fait absolu que Joseph Moè Messavussu Akué est Dieu le Tout Puissant - l'Intelligence sublime, Origine et Source de l'Univers créé et de la vie éternelle en personne.

Il en résulte le raisonnemnt qui suit:

Premièrement, du mois de novembre 1985 jusqu'à la date de fin janvier 1987, je résidais dans une "chambre de bonne" au dernier étage d'un building situé au 130, Avenue de Versailles Paris 16eme; et j'ai dû abandonner mes études universitaires à l'Université de Paris1-

Panthéon-Sorbonne, en ce temps là, à cause des tracasseries de l'Esprit du mal en personne aujourd'hui défunt.

Deuxièmement, quoiqu'ayant compris que l'homme Noir auquel s'est métamorphosé l'Intelligence sublime, Origine et Source de l'État-Nation Espace-Temps et de la vie éternelle était bel et bien moi-même, je me posais toujours la question si je n'étais qu'un nouveau Prophète de Dieu, ou Dieu le Tout-Puissant en personne.

Troisièmement, la succession des rêves prémonitoires depuis le tout premier de la nuit du 7 au 8 novem-bre 1986 à ce jour du 8 septembre 2010, me confirma que je suis Dieu le Tout-Puissant matérialisé pour l'Éternité à venir.

Quatrièmement, l'ensemble des hommes et des femmes parvenu à l'âge mûr, qui reconnaît mon histoire véridique et par conséquent mon identité céleste sans aucune preuve que celles que j'ai déja fournies au jour du 8 septembre 2010, constitue le Peuple céleste de Joseph Moè Messavussu Akué innocemment révélé Dieu le Tout-Puissant-fait chair.

Cinquièmement, les États Unis d'Amérique, Terre d'accueil et Pays d'adoption de l'auteur de la "Loi du Profit nul" pourraient devenir en effet le premier pays au monde qui reconnaît officiellement l'identité céleste de Joseph Moè Messavussu Akué.

Un poème à vers paraboliques
Chicago, le 8 septembre 2010

Le principe de la foi moèiste

Considérons la personnalité divine matérialisée Joseph Moè Messavussu Akué.

Admettons que la personnalité de l'auteur de la "Loi du Profit nul" est absolument résumée par l'ensemble des Fascicules d'Enseignement de la Poésie fonctionnelle.

Admettons que le principe qui veut que l'auteur de l'ensemble des Fascicules d'Enseignement de la Poésie fonctionnelle soit Dieu le Tout-Puissant-fait chair, est justement le principe de la foi moèiste.

Admettons que le principe de la foi moèiste est énoncé par le fait que Joseph Moè Messavussu Akué eut dans la nuit du 7 au 8 novembre 1986 le rêve prémonitoire qu'il est Dieu en personne incarmé, afin de continuer sous cette ultime forme, son travail de Créateur de tout ce qui a existé, existe, et existera.

Admettons que tout ce qui existera est une extension conséquente de tout ce qui existe aujourd'hui le 11 septembre 2010.

Admettons que ce qui existe est une extension conséquente de tout ce qui a existé.

Il en résulte le raisonnement qui suit:

Premièrement, un homme ou une femme qui se déclare ouvertement et publiquement un ou une Moèiste est un homme ou une femme éveillés à la vérité existentielle globale ou le Monde des Mondes des Cieux et la vie éternelle, et à leur Créateur.

Troisièmement, le non-Moèiste est un homme ou une femme qui, par mauvaise foi, nie l'identité céleste de l'auteur de la "Loi du Profit nul".

Quatrièmement, l'anti-Moèiste est un homme ou une femme qui voue une haine mortelle à Joseph Moè Messavussu Akué pour le fait qu'il s'établit malgré lui Dieu le Tout-Puissant-fait chair.

Cinquièmement, tout ce qui existe concourt absolument et conformément aux rêves prémonitoires de Joseph Moè Messavussu Akué, à la divinisation de l'auteur de la "Loi du Profit nul", ou la pratique humaine du Moèisme comme la religion, l'idéologie, et la morale du Salut humain.

**Un poème à vers paraboliques
Chicago, le 11 septembre 2010**

34

Le principe de la Construction de l'Édifice du Bonheur absolu humain

Considérons les Parents célestes de Dieu le Tout-Puissant.

Admettons que les Parents célestes de l'auteur de la "Loi du Profit nul", établi providentiellement Dieu le Tout-Puissant-fait chair, sont l'Espace incréé et rien.

Admettons que rien étant le contraire de Dieu le Tout-Puissant non matérialisé en ce temps considéré, demeure justement rien aujourd'hui le 13 septembre 2010.

Admettons que l'Espace incréé est aujourd'hui l'inverse de ce qui existe élevé à la puissance éternité ou l'inverse d'une sphère remplie de la Création divine actuelle, et éternellement agrandie.

Admettons que l'espoir d'autres parents de rien et l'Espace incréé est vain puisqu'irréel.

Admettons que la négation humaine de Dieu le Tout-Puissant ou l'Intelligence sublime, Origine et Source de de tout ce qui existe, est malsaine ou immorale puisque cela consiste à nier l'évidence d'un être réel.

Admettons que la reconnaissance humaine de Dieu le Tout-Puissant équivaut à une qualité ou une vertu, puisque ceci aboutit à la reconnaissance ultime de l'incarnation divine authentique.

Admettons qu'être sans parole devant la réalité de Joseph Moè Messavussu Akué équivaut au temps de réflexion requis pour croire ou ne pas croire à la Poésie fonctionnelle.

Il en résulte le raisonnement qui suit:

Premièrement, les rêves prémonitoires de Joseph Moè Messavussu Akué constituent avec ce que celui-ci accomplit au jour le jour, et la personne intégrale de l'intéressé, la triptique de l'identité de l'auteur de la "Loidu Profit nul".

Deuxièmement, la Providence ou la totalité des évènements qui s'accomplit au fil du temps, est résumée en tant que la volonté divine.

Troisièmement, la Poésie fonctionnelle est comprise comme l'exercice par Joseph Moè Messavussu Akué de son Pouvoir royal divin.

Quatrièmement, les Fascicules d'Enseignement de la Poésie fonctionnelle sont les moyens de subsistance providentiels donnés au Roi du "Royaume des Cieux accompli" afin que celui-ci n'est pas à se compromettre avec l'humanité qui ne veut pas le croire.

Cinquièmement, la "Réalisation de l'Édifice du Bonheur absolu humain" est le programme de travail sacré que s'est donné Joseph Moè Messavussu Akué afin de se prouver qu'il est effectivement "Toute la Lumière des Cieux-fait Homme".

Un poème à vers paraboliques
Chicago, le 13 septembre 2010

36

Achevé d' imprimé en Septembre 2010 par les
ÉDITIONS BLEUES
mmessavussu@gmail.com
moemessavussu@hotmail.com

Dépot légal : 3e trimestre 2010
Numéro d'Éditeur ; 2-913-771
IMPRIMÉ AUX ÉTATS UNIS D''AMÉRIQUE

www.ingramcontent.com/pod-product-compliance
Lightning Source LLC
LaVergne TN
LVHW072328080426
835509LV00032B/22